GW01032846

Le temps qui fuit

Marie-Claire Monin

Le temps qui fuit
Recueil

LE LYS BLEU
ÉDITIONS

© Le Lys Bleu Éditions – Marie-Claire Monin

ISBN : 979-10-377-6994-7

*Morceaux de vie(s) désimbriqué(e)s
et association d'idées à but non curatif*

-

*La particularité de ces textes et illustrations réside
dans le fait qu'ils ont été produits d'une traite,
en automatique, afin de coller
au plus près à la « pensée immédiate »
exprimée par les êtres animés et inanimés
présents dans ce recueil.*

Je suis une goutte d'eau

Je suis une goutte d'eau, limpide et légère.
J'ai voyagé, par monts et par vaux, du glacier à la mer.

Je suis une poussière d'univers,
un gramme dans la lourdeur de la Terre.
J'ai vu des poissons qui comptaient leurs écailles
et des bateaux qui jouaient à la bataille.

Je suis un instant T dans un instant d'éternité,
nomade et vagabonde, pleine de vitalité.
J'ai vu des castors mordus de bois flottant,
des pontons s'épancher et des arbres barbotant.

Je suis source de vie et symbole de la vie,
avide de souffle mais pas vide de bruit.
J'ai vu le soleil, ébloui, mettre ses lunettes,
et la lune, pensive, tirer des plans sur la comète.

Je suis la course du courant, flots, chutes et cascades,
j'ai failli geler et m'évaporer le long de ma balade.
J'ai vu le feu, dans la cale d'un bateau, se déclarer.
J'ai vu l'absence et le néant se disputer.

Je suis parfois témoin de violentes joutes
et de noires coulées de mazout.
J'ai vu des vagues reculer
et des rochers en furie, sur elles, déferler.

Je suis noyée dans la masse, anonyme et unique,
une parmi cet ensemble tellurique.
J'ai vu les étoiles se jalouser les faveurs du ciel,
Au-dessus d'une cascade torrentielle.

Je suis la solitude au milieu d'une multitude,
l'union qui fait la force, contre vents et marées.
J'ai vu, sous d'autres latitudes,
le Delta se jeter dans la mer, les bras écartés.

Je suis navigatrice, exploratrice, toujours en symbiose,
j'ai pris un aller simple pour une destination grandiose.
J'ai vu des phares, debout et seuls, déboussolés,
attendre les bateaux qui devaient accoster.

Je suis une goutte d'eau, limpide et légère.
J'ai voyagé, par monts et par vaux, du glacier à la mer.

Notice

Je vous invite à un voyage dans divers univers
Parsemés de couleurs, de mots et de vers
Vers et rêves, amour et humour, épices et délices
Récits sans répit, tragédies de génies, poésie indécise
Jeux de mots, je sans maux, émois et amis

Je vous invite à un voyage dans les émotions
Il est ponctué de regards et de gestes
De cris et de mots à l'emporte-pièce
D'effroi, de colère, de douceur, de compassion
De tendresse, d'écoute, de surprise, d'agitation

J'ai une dame de compagnie

Mon statut m'octroie de droit
D'avoir une dame de compagnie
En tant que Reine des émois
Des tracasseries et tragédies

Madame ne me quitte pas d'une semelle
De jour, de nuit, elle est opérationnelle
Parfois elle me fait vraiment rire
Parfois elle me donne envie de fuir

Madame prend trop de place
Madame fait de moi son palace
Madame crie beaucoup trop fort
Mais malgré moi, je l'adore

Grâce à elle, j'ai beaucoup voyagé
Dans ma tête et dans certaines contrées
Le voyage n'a pas toujours été aisé
Faut dire que Madame ne voyage pas léger

Madame me critique tout le temps
Elle sait pourtant que c'est défendu
Je lui dis de temps en temps
La bienveillance, vous avez déjà entendu ?

Madame a de la peine pour moi
Ou peut-être est-ce l'inverse ?
Madame me regarde parfois avec effroi
Ou peut-être est-ce l'inverse ?

J'inviterais bien Madame à prendre congé
Elle est très susceptible, vous savez
Elle s'accroche comme une moule à un rocher
Je n'arrive même pas à l'envoyer balader

Elle me lit des tonnes de livres
À s'en abîmer les yeux
La culture, elle en est ivre
Elle remplit mon cerveau au mieux

Nous sommes dépendantes à un point fou
Mais je ne devrais pas l'être du tout
Madame n'est pas de bonne compagnie
Madame me pourrit la vie

À tes souhaits

Voir le monde
Voir du monde
Du beau monde
Du petit monde
Entrer dans ton monde
Isoler du monde
L'être que tu aimes
T'y glisser tout entier
Et en faire ton monde
En être tellement fier
Et l'exhiber au monde

Prendre la tangente sous un rayon de soleil
Dévaler des pentes à inclination variable
Être diamétralement opposés et pourtant se ressembler
Circuler dans un cercle par zéro degré de circonférence

Se faire happer par Morphée sans mauvais sort de
Chronos
Se perdre dans le vaste sans vacuité
Prendre l'avion sans perdre de hauteur
Dormir sur une plage sans vague à l'âme

Lire à l'envers des vers au lit
Prendre des photos de tout, de nous
Boire du champagne aux bulles vitaminées
Boire du thé à tout va, à Darjeeling ou à même la tasse

Plisser les yeux en se tordant de rire
Se regarder dans les yeux et se souvenir
Prendre des sens uniques en sens contraire
Goûter au je dangereux

J'ai tu les éclats de rire
Les éclats de voix
Les éclats de toi
Et de ton sourire
Ce matin
Dans le train
De dos
Face à moi
Un homme qui te ressemblait
Comme on peut ressembler
À quelqu'un de dos
Et qui surtout

Portait ton parfum
Disons le même parfum que toi
Puisqu'il ne t'appartient pas
La porte s'est ouverte
Laissant entrer un courant d'air
Et le parfum est venu me chatouiller le nez
Enfin, plutôt me chatouiller le cœur
Puisqu'il m'a remémoré
Le temps passé à tes côtés
J'ai voulu lui parler
Mais bien sûr je n'ai pas osé
Cela aurait paru ridicule
Alors je suis descendue du train
En passant devant lui
Je me suis retournée
Pour le regarder de face
Même s'il ne te ressemblait pas
Pour, une seconde de plus,
Passer du temps avec toi
À travers ce monsieur
Puisque tu n'es plus là

18

Gurkhas, petits guerriers hors norme

Nous étions six soldats temporaires
Engagés dans l'armée britannique
Effectuant notre service militaire
Sur un navire du Pacifique

Nous apprenions avec ferveur à défendre
La sainte couronne d'Elisabeth
Lorsque nous nous sommes fait prendre
Dans un traquenard sans queue ni tête

Quatre hommes se sont retrouvés
Face à un unique guerrier
Et ont immédiatement capitulé
Devant ce Gurkha surentraîné

Nous étions du même bataillon
Nous n'étions pas ennemis jurés
Pourtant, aucun n'a voulu se mesurer
À celui que j'appelais griveton

J'ai d'abord commencé par railler
Tous mes équipiers effrayés
Puis je me suis renseigné
Sur la légende de ces petits guerriers

Ce gringalet au visage buriné
Au terme d'une sélection impitoyable
Avait quitté les siens, fiers mais inconsolables
Pour servir humblement Sa Majesté

Plutôt mourir que vivre en lâche
Telle est leur devise, leur tâche
Un homme qui dit ne pas connaître la peur
Est soit un Gurkha, soit un menteur

On les dit invincibles
Ils ne sont que des combattants
Qui nourrissent de manière inflexible
Leur famille, de prestige et d'argent

Alors je me suis ravisé
Sur l'idée que je m'en faisais
Et quarante années après
Je livre ici son portrait

Mille vies

Prenez le sentier que je suis
Il est traversé par mille vies
Calmes, paisibles et fuyantes
Discrètes, furtives et bruyantes

Écoutez les sons en chemin
Éclats de rire de ce gamin
Bâillement d'ennui du passager
Pleurs apeurés d'un nouveau-né

Je suis eux et moi à la fois
Ils font de moi une partie d'eux
J'ai fait d'eux tous une seule moi
Un agrégat de nous et je

Cas O (Chaos)

Quand un téléphone perd le fil de la conversation
Quand Notre-Dame attend 107 ans
Quand Cyrano a quelqu'un dans le nez
Quand une racine a la tête dans les nuages
Peut-on dire que c'est le monde à l'envers ?

J'ai vu une chaise perdre pied
J'ai vu un regard tourner de l'œil
J'ai vu un mur faire la sourde oreille
J'ai vu une paire de lunettes se raccrocher
aux branches
J'ai vu une carafe d'eau passer pour une cruche
J'ai vu un miroir perdre la face
J'ai vu Raiponce se couper les cheveux en quatre
J'ai vu un opticien travailler à l'œil

Quand un livre d'une livre se livre
Et qu'un verre à pied fait des vers en pied
Peut-on parler de poésie psychanalytique inopinée ?

Quand l'obscurité
Met en lumière
La part d'ombre
D'un illuminé
Peut-on parler d'idée lumineuse ?

Quand la vitesse ralentit
Et que la lenteur accélère
Est-ce que l'inertie
Franchit le mur du son ?

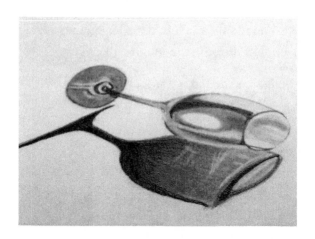

Lettre à Chronos

Pourquoi le temps d'une vie perd-on autant de temps ?
Pourquoi le temps qui passe tuera le présent ?
Pourquoi le temps qu'il fait a autant d'importance ?
Pourquoi le temps jadis a perdu son enfance ?

Quand les jours ressemblent aux nuits
Quand le temps s'arrête en même temps qu'il fuit
Quand les secondes concurrencent les heures
Maudits soient l'horloge et son tic-tac rieur

C'est l'histoire d'une goutte de pluie
Qui remonte de la terre vers les nuages
C'est l'histoire d'une feuille morte
Qui tombe de la racine vers la cime des arbres

C'est l'histoire du cours d'eau
Qui remonte le lit de la rivière
C'est l'histoire de l'aiguille
Qui tourne dans le sens inverse du temps

Tous se rencontrent et échangent. Sorte de café philo de la nature.

Chronos, est-ce que le temps d'un instant, tu vas tout mettre en pause ?

Manteau rouge

Ce manteau rouge dans la nuit noire
Étincelles sur le boulevard
Chaussée de bottines, la belle fuit
Direction Rue de Gergovie

Je l'observe, je la suis du regard
Si je ne la suis pas, il sera trop tard
Elle m'intrigue, me dérange et m'apaise
Me fait rêver et me laisse mal à l'aise

Un moment interdit, souffle court et hagard
Je décide de la suivre, de croiser son regard
Je suis un peu rêveur, je veux voir qui elle est
Elle se retourne, horreur, c'est un homme en vrai !

À l'envers

Avez-vous un jour dévoré des mots ?
Avalé, craché, digéré leur sens ?
Vous êtes-vous laissé traverser, emporter, rêver ?
Pour que quelques lettres agitent vos sens ?

Avez-vous un jour reçu un billet
Pas celui qui paye, celui qui transmet ?
Quelques syllabes chargées de sens, pas de sous
Mettant votre instant sens dessus dessous ?

Avez-vous un jour souri à la douleur ?
Pris un peu de distance et de hauteur ?
Sans exclure, sans juger, sans renier ?
Prendre ce qui vient, laisser ce qui est ?

Avez-vous un jour boudé le bonheur ?
Pris un peu de distance et de hauteur ?
Sans exclure, sans juger, sans renier ?
Laisser ce qui vient et prendre ce qui serait ?

Résonnez

Résonnez, résonnez.
Faites entendre l'écho du tumulte passé,
Le chaos qu'ils y ont laissé.
Résonnez, résonnez
Les murs n'ont plus d'oreilles, ils sont devenus voix.
Les murs n'ont plus d'hôtes, ils sont seuls rois.

Ils ont enlevé les meubles, les souvenirs passés.
N'ont laissé que des murs salis et esseulés.
Une feuille de brouillon au sol
A fini son envol
Froissée, maculée
Deux cents ans d'histoires en un souffle vidés.

On m'abandonne, on me vend
Je n'intéresse plus les derniers petits-enfants
Les derniers survivants, devenus grands,
D'une famille se décomposant.

J'ai vu la vie dehors
Au décor multicolore
J'ai vu la vie dedans
Un foyer trépidant

La cave a plusieurs fois servi de refuge
Ils ont même déplacé le grenier
Ils ont progressivement remplacé le blé
Par des jouets d'enfants, des subterfuges.

Ils sont tous partis.

Retrouvailles

J'ai senti les odeurs, observé les couleurs
J'ai écouté les bruits et regardé la nuit
J'ai occulté le temps, les minutes et les heures
Dans ce lieu éternel, cet hymne à la vie

J'ai laissé cet homme poser sa main sur mon front
M'expliquant l'histoire, les légendes et traditions
Mes yeux avaient oublié ce beau paysage
Ma terre de naissance, mon pèlerinage

Ma vie passée ne s'était pas évaporée
Mais s'était enfouie pour mieux réapparaître
Lors de retrouvailles ô combien désirées

Le soleil brille plus fort, la terre est plus ronde
Aucune croyance ne pourra disparaître
J'ai depuis lors, ancrée en moi, l'âme du monde

Si

Si je parle tout bas, c'est pour que l'on m'entende
Si je ferme les yeux, c'est pour mieux voir le monde
Si je m'assois par terre, c'est pour capter les ondes
Si je compte les heures, c'est pour qu'elles m'attendent

Si la nuit est trop longue, c'est que je peux rêver
Si la nuit fuit le jour, c'est que le soleil rit
Si la nuit regorge d'étoiles, c'est que les défunts sourient
Si la nuit chasse le jour, c'est l'heure de Morphée

Si j'écris tout le temps, c'est que j'ai des choses à dire
Si je lis tout le temps, c'est pour me nourrir
Si j'ai un carnet de notes, c'est que les pensées fusent
Si j'ai toujours un stylo sur moi, c'est de la poésie diffuse

Parées d'argent

Je m'en vais
Je reviendrai
Dans tes rêves
Dans tes songes
Trop de fièvre
Lasse et ronge

Je fais mes adieux
Le ressac, lui, revient
Je vais en d'autres lieux
Moins brutaux, plus divins

Une vague s'est échappée
Happée par le vent, étoilée
La lune lui a souri
Parées d'argent, elles ont fui

Marathon

Connaissez-vous l'histoire
De ce jeune homme kenyan
Grand gaillard à peau noire
Qui courait tout le temps ?

Deux heures pour cette distance
De la folie, cette exigence
Le rythme de l'oxygène
Bat des records à perdre haleine

En duel avec le chronomètre
Sur du bitume détrempé
Loin des montagnes asséchées
Il est devenu maître

Du départ à l'arrivée
Une course contre le temps
Contre soi-même, messager
Les pieds tambour battant

Si le mythe l'a fait connaître
Pour annoncer des victoires
Il a avalé des kilomètres
Pour une médaille ou pour la gloire

Détracteur de château

Je l'ai vu son château à Versailles
Fallait-il qu'il soit de taille ?
Louis s'est peut-être trompé
Y avait trop de mètres carrés

Et le Bassin de Neptune
Au-dessus duquel dort la lune ?
Louis s'est peut-être trompé
Personne ne savait nager

Et l'Orangerie à l'écart ?
Où Madame met son bazar ?
Louis s'est peut-être trompé
Ne laissez pas femme décider

Et son petit potager ?
Je l'ai vu bien asséché
Louis s'est peut-être trompé
Il fallait plus l'arroser

Et la grande pièce aux miroirs ?
Le soleil du matin au soir
Louis s'est peut-être trompé
Il ne connaissait pas l'électricité

Et son jardin si bien taillé ?
Le Nôtre avait un coup dans le nez
Louis s'est peut-être trompé
Il n'a pas pris le bon jardinier

Zéro

On a joué au Loto
On a misé deux euros
On a gagné de quoi
Pouvoir rester chez soi

On a fait des calculs
Pour investir et rentabiliser
Profiter de ce pécule
Sans brutalement le gâcher

On est partis en vacances
C'était notre premier souhait
On s'est quand même embrouillés
Sur le luxe de la résidence

On n'en a pas trop parlé
À nos familles ni à nos proches
Pour ne pas engendrer
De vaine jalousie moche

Ça s'est vu, ça s'est su
C'était difficile à cacher
Mais on a bien vécu
Le temps de quelques étés

On a eu trop de choix
On n'avait pas l'habitude
De destinations de roi
On n'avait pas d'inquiétudes

On a tout dépensé
On a mal calculé
On est maintenant ruinés
Et à jamais embrouillés

On est partis chacun de notre côté
Pour pleurer d'avoir trop gagné
Et accuser l'autre moitié
D'avoir tout gâché

Je suis seul à présent
Je suis seul et ruiné
J'ai joué au jeu d'argent
Qui me faisait rêver

Je regarde maintenant les photos
Prises au large de Bali
Je n'ai plus qu'un sac à dos
Pour toute fortune. C'est fini.

Le futur est passé

J'ai déjà vécu tout le futur
N'y voyez aucune affabulation
Le temps était arrivé à expiration
Alors les calendriers disparurent

On a éteint les dates de péremption
Et allumé des bougies miniatures
Devant la grandeur de cette fossilisation
Et du temps mis en pâture

On a rebouché les fissures
Des murs en déconstruction
On respirait de l'air pur
Sans trop de pollution

Une kyrielle d'heures en tribulation
Des milliers d'heures en césure
En voilà une drôle de décomposition
Elles passaient à douce allure

Le futur a subi toute sorte d'humiliations
Les salissures, les flétrissures, les écorchures
L'immortalisation, la pérennisation, la synchronisation
La démesure, les augures, les conjectures,
La modernisation, l'imbrication, l'itération,
La parjure, la censure, les ratures,
La précipitation, la trépanation, l'extermination,
Les brûlures, les morsures, les gravures,
La cristallisation, la préméditation, la procrastination

L'imparfait aura tous les torts
Celui des habitudes et des remords
Le passé aura tous les doutes
Étant plus incertain que la déroute
Le présent avait tous les droits
Mais le futur resta roi

Le ciel s'envole

Un lézard sur une tuile ronde
Capte la chaleur, la lumière et le monde
Ses sens sont en alerte, prêt à déguerpir
À sauter sur une proie juste pour se nourrir

Lilas en fleurs et poules qui caquettent
Chant des oiseaux, balais de brouettes
Pleines d'herbe fraîchement coupée
Comme un avant-goût de l'été

Le ciel est lourd, le ciel s'envole
Lourd de messages et de paroles
Il est bleu et pourtant il pleut
Des gouttes d'amour nébuleux

Rentrée et sortie

4275F est mon matricule
9 mètres carrés, la taille de ma cellule
Maintenant c'est la der des der
L'ultime, la dernière promenade
Je refais le chemin à l'envers
Cette fois-ci sans cavalcade

9480 heures passées ici
À tuer le temps épaissi
Et essayer de dissocier
Quatre saisons en sablier

Je sors demain,
Plus tôt que prévu
Je sors demain
Et je suis perdu

J'ai croisé des tueurs, des dealers
Des voleurs, des violeurs,
Je ne suis pas non plus d'ailleurs
Un doux, un enfant de chœur

Demain, c'est la rentrée des écoliers
Mon fils prépare sa scolarité
Demain c'est ma sortie du pénitencier
Je scelle mon chaotique passé

Ton corps

J'ai appris ton corps par cœur
Pour pouvoir m'y loger
Depuis qu'un étranger y est entré
Je refuse cette demeure

J'ai appris ton corps par cœur
Et tes cris dans le bonheur
J'ai appris ton corps par cœur
Sa surface et ses profondeurs

J'ai appris ton corps par cœur
J'ai aimé m'y loger
J'ai aimé son odeur
Je l'ai désiré

Ton corps était à moi
J'ai régné sur lui en roi
Parfois tu refusais
J'ai préféré ignorer

J'ai appris ton corps par cœur
Je pensais que ça durerait des heures
Je ne pensais pas qu'il fanerait si rapidement
Pendant et après la fabrication d'un enfant

Depuis que je suis devenu père
Je ne veux plus être ton amant
Depuis que tu es devenue mère
Tu n'es plus comme avant

Ton corps est déformé
Il ne m'attire plus
Un étranger y est venu

Même si cet étranger
C'est notre enfant, notre bébé,
Ton corps, je n'en veux plus

Mal a dit

Bonjour, bonsoir, au revoir, ne revenez plus

J'écris à la douleur qui me rend si fluette
Aux papillons qui me rendent enchaînée
À ces contradictions qui m'empêchent d'avancer
Et foudroient mon squelette

J'écris à ce déchirement du cœur
Qui déchire mon corps
J'écris à ces secousses d'âme
Qui secouent mes muscles
J'écris à cette peur qui me cloue au sol
J'écris à la colère qui me ronge les os
J'écris à l'ennui que j'ai chassé
Et que je supplie aujourd'hui
D'avoir comme ami

J'écris au souffle qui déraille
Et inverse le rythme de vie
J'écris au flot de sang qui me donne trop chaud
Moi qui avais toujours trop froid
J'écris aux larmes qui coulent à l'intérieur
Pour que l'extérieur soit à l'abri
J'écris des prières qui s'inscrivent au burin
Sur une pierre appelée corps
J'écris au reflux qui se croit à marée haute

J'écris à tous ces visiteurs
Revenez un autre jour
Laissez-moi en paix
Je sais que vous êtes là
Je ploie sous votre poids
Revenez une autre fois
Lorsque j'aurai plus de foi
Pour laisser mon corps
S'anéantir sans voix

Mes mains sur le fauteuil
Qui dicte ses lois
Au diable ce fauteuil
Et ses roues qui n'avancent pas !

Histoire d'une ancienne danseuse devenue handicapée

Frissons froissés

Adieu tourments, adieu passion
Adieu regards, adieu frisson
Adieu discours et jolis mots
Adieu l'amour, jamais de trop

En d'éternels regrets
Il me faut aujourd'hui te quitter
À contrecœur
Sans contrecoup
Je vais ailleurs
Pour rien du tout

Les poèmes ont été inventés
Pour que l'amour y ait une place éternelle
Puisque dans la vie, il ne fait que passer
Il se fait toujours la belle

Se battre en ennemis
Puis battre en retraite
Faire battre son cœur
Après l'amour fini
Est-il vraiment l'heure
De clore la fête ?

Beauté

Ôtez-moi ce B
Et je suis amputée
Bottez-moi les fesses
Vénus n'est plus déesse

Au fil des années
On me voit faner
Même si je contiens de l'eau
Faisant fi des défauts

Je suis universelle
On m'a mise sous Pixel
Pour mieux me figer
Un peu d'éternel sans éternité

Si ternie je deviens
On me boude, on me laisse
Je n'ai rien de cartésien
Je ne tiens plus mes promesses

Je ne suis qu'un mot
Je ne suis qu'un concept
Un leurre sans tombeau
Dont les mortels sont adeptes

Une page

Une page noircie où dansent nos stylos
Une page après l'autre, nous livrons des mots
Une page par jour il me faudrait écrire
Une page, ce n'est rien, et c'est peu de le dire

Une page dit au livre : je me sens à l'étroit
Une page dit au livre : je fais de toi mon roi
Une page dédicace, pour laisser une trace
Une page de préambule, en guise de préface

Une page qui résume et c'est la couverture
Une page de titre et c'est l'ouverture
Une page de questionnements, sous forme de prose
Une page de réponses où sont dites mille choses

Une page pour vous ce soir, dans le froid de janvier
Une page pour vous souhaiter, en ce début d'année
Une page pour tous vos vœux, vos projets et vos souhaits
Une page de discours pour vos âmes, enchanter

Une page de partition pour quelques notes furtives
Une page de dictionnaire pour les mémoires rétives
Une page de vos mémoires, vies et récits ultimes
Une page d'un livre ouvert pour entrer dans l'intime

Une page m'a murmuré, quelquefois échappé
Une page s'est envolée, dans l'air s'en est allée
Une page flotte ce soir au-dessus de vos âmes
Recevez, ce soir, mes mots comme une flamme

Livrez-vous

Il était posé là, sur la bibliothèque
Je l'ai regardé, j'ai hoché la tête
Puis ma main lentement, doucement l'a suivi
Il m'a regardé, il était même ahuri

Le toucher du papier, sous mes doigts engourdis
A réveillé chez moi des souvenirs enfouis
Et l'odeur du papier, celle que j'aime tant
M'a rappelé soudain des souvenirs d'antan

Et le bruit du papier, celui des pages tournées
Est un bruit trop exquis qu'on ne peut oublier
Alors j'ai pris ce livre, je l'ai dévoré
Pendant quelques soirées, il m'a accompagné.

Le pied !

J'ai perdu pied
Et de pied ferme
J'ai dégringolé

J'ai repris pied
À allure lente
J'ai remarché

Et sans pied de nez
J'ai regardé droit devant
Assuré, déterminé

Pas de cailloux dans la chaussure
Puisqu'ils sont à côté
Et pas non plus d'éclaboussure
Je resterai immaculé

Lacets défaits et mine refaite
Ongles coupés et peau parfaite
Je marche, je stagne et je m'assieds
Là où me guident mes pieds

Je cours parfois, je tombe rarement
Je parle très peu. Décidément
Ils parlent pour moi, ces deux soldats
Deux pieds vaillants, en bon état

Bonheur fugace

À l'école
Une petite fille seule
À l'heure de la récréation

Tout le monde rigole
Et joue et crie et beugle
Sauf la petite Manon

Isolée, à l'écart
Elle aussi aimerait jouer
Se mêler au bazar
Un peu participer

Mais le groupe l'ignore
Quand il ne se moque pas d'elle
Elle imagine un autre décor
Là où on voudrait d'elle

Et puis s'avance Jasmine
Avec une petite poupée
En souriant, Jasmine
Lui tend le bel objet

Et Manon, perplexe
Prend la poupée sacrée
Le groupe la fixe
Elle leur fait un pied de nez

Bonheur fugace
La naissance d'une amitié
Le groupe fait la grimace
Manon peut jubiler

Changer de peau ?

Dissocier l'enveloppe corporelle de son essence
De ce qui la remplit, de sa substance
Donner une autre image, avoir une nouvelle apparence
Changer la façade, mais garder le contenu
Est-ce vraiment une idée saugrenue ?

Et si c'était, un jour, possible ?
De pouvoir facilement changer d'armure ?
De pouvoir rester impassible
Même en cas de coup dur ?

Bureaucratie, non merci

Dans l'optique d'ajouter quelque belle entreprise
Sur mon curriculum aux teintes trop grises
Et dans l'espoir de gagner quelque argent
J'ai postulé à une fonction me correspondant

En comparaison avec d'autres labeurs
Il me permet d'occuper mes heures
De manière légale et tout à fait honnête
Sans me préoccuper qu'on me coupe la tête

Si la hiérarchie faisait preuve d'anticipation
Cela éviterait une attente de type : action/réaction
On pourrait travailler de manière intelligente
Sans que les demandes deviennent soudainement
urgentes

La clarté des requêtes devient trop opaque
La pression exercée devient source de couacs
Des procédures très simples deviennent compliquées
Il faudrait avoir terminé avant d'avoir commencé

Une balade en domaine skiable
Un environnement de travail agréable
Un tremplin pour une carrière stable
La flexibilité des horaires modulables

Une balade au pays de la condescendance
Baigner dans un microcosme vide de sens
Côtoyer l'élite auto-proclamée de la France
Quelques lourdeurs inutiles dans l'ambiance

Charité bien ordonnée commence par soi-même
On ne peut récolter que ce que l'on sème
Conseiller les autres est une belle intention
Se conseiller soi-même est une possible orientation

L'inadéquation entre les valeurs futuristes promues et
l'archaïsme des pensées et propos soutenus.
L'inadéquation entre les performances attendues
et les bâtons dans les roues mal entretenues.

Se prendre en pleine poire, par des gens qui ont le melon
mais qui n'ont jamais la banane,
des réflexions pas mûres.
Parfois on marche à la carotte, mais le blé est fauché.

Danse la Terre

J'ai désancré mes pieds de la Terre
Pour ancrer mon bateau dans la mer
J'ai cessé d'errer sur les routes
Pour naviguer coûte que coûte

J'ai contemplé les côtes de loin
J'ai contemplé ma vie du moins
J'ai pour seul temps la course du soleil
Et pour seule pause un peu de sommeil

La solitude au milieu de l'immensité
Est plaisante dans l'adversité
La mer me parle et me rassure
Mieux qu'une mère quand elle murmure

Le bercement, le flottement, le déchaînement
Ceux-là dictent mes heures
Ils sont réels et permanents
Ils ne viennent pas de l'intérieur

La liberté, avez-vous dit ?
Elle est toute relative ici
La lune et le vent décident
Ce sont eux qui transforment le vide

Je suis mon guide et mon compagnon
J'ai bien une carte et une boussole
Dans la tourmente doucement folle
Cet équipage gère les dépressions

Les accalmies existent aussi
Les tempêtes dorment par ciel bleu
Et reviennent par ciel gris
Les nuages font de leur mieux

J'ai bien de la visite parfois
Des animaux marins, des oiseaux
Ils n'ont pas besoin de se méfier de moi
Je n'offense pas leur monde si beau

Parfois je rentre dans un port
Parfois je croise un phare
Un reste de vie pas encore mort
Un peu d'humanité et d'histoires

Mais je préfère repartir
Je ne m'attarde pas
Mon bateau et moi
Avalons des soupirs

La fuite, disent les jaseurs
Non, pas d'échappatoire
Je vais vers un autre ailleurs
Un arc-en-ciel de trajectoires

J'ai accroché à ma coque du passé
J'ai accroché à mon mât des projets insensés
Des rêves sur l'écran que forment mes voiles
Et un filet pour pêcher des étoiles

La mer, ce n'est pas le silence
C'est seulement la Terre qui danse
J'ai dansé avec elle par toutes les saisons
J'ai fait d'elle mon refuge, mon horizon

Revenir sur le sol
Et fouler des chemins ?
Pas aujourd'hui, idée folle !
Peut-être… demain

Table des matières

Imprimé en Allemagne
Achevé d'imprimer en août 2022
Dépôt légal : août 2022

Pour

Le Lys Bleu Éditions
40, rue du Louvre
75001 Paris